兒童性教育啟蒙故事

說出來！
不保守壞人的秘密

湖心 著
果子 繪

新雅文化事業有限公司
www.sunya.com.hk

人物介紹

小猛獁

甜甜

開朗爽快，充滿運動細胞。

劉小朗

做事認真，熱愛學習。

小薪

性格爽朗，做事粗心大意。

小魚兒

性格小心謹慎。

瑤瑤

可愛恬靜，害羞，
容易臉紅。

核桃、芝麻

調皮搗蛋，好奇心強，
觀察力強。

寶森

逗趣，幽默，是班裏的
開心果，很會關心照顧人。

甜甜是個超級動物迷，在家附近的一個公園是她最喜歡去的地方，因為那裏藏着一個有趣的「動物園」。

　　她喜歡在雨後濕漉漉的牆壁上尋找悄悄出來散步的蝸牛，喜歡蹲在大樹下看螞蟻搬家，還會尋找藏在葉子底下休息的七星瓢蟲⋯⋯

　　對她來說，沒有什麼比這更有趣的了。

她還有一位志趣相投的「大朋友」，那就是鄰居東叔。她特別崇拜這位叔叔，因為東叔經常會教她一些她從來沒見過的小昆蟲，還幫她捉到過閃閃發光的螢火蟲和叫聲嘹亮的蟋蟀。

甜甜特別喜歡東叔帶她一起玩，就像他的小跟屁蟲。

對了，他們還有一個共同的秘密——

有一天，他們在花園裏挖蚯蚓時，發現了一隻受傷的小野貓，他們幫小野貓清理了傷口，還用紙盒給小野貓在樹叢下搭了一個窩。從那以後，每天他們都會給小野貓送食物和水。

　　可是，最近發生了一件讓甜甜覺得怪怪的事情。

　　幾天前，東叔邀請甜甜去他家裏，說有一套新的蝴蝶標本給她看。

　　在東叔家，甜甜第一次看到了夜明珠蝶、金斑喙鳳蝶、四尾褐鳳蝶、南美閃蝶……這些標本形態各異，五顏六色，真的漂亮極了！

　　甜甜一邊喝着東叔給的汽水，一邊看着這些美麗的蝴蝶標本，非常開心！

後來，東叔提出要和甜甜玩一個撓癢癢的遊戲。

一開始，東叔只在甜甜的脖子上輕輕地撓着癢癢，就像小螞蟻在身上爬一樣，甜甜覺得很好玩，忍不住咯咯地笑起來。

13

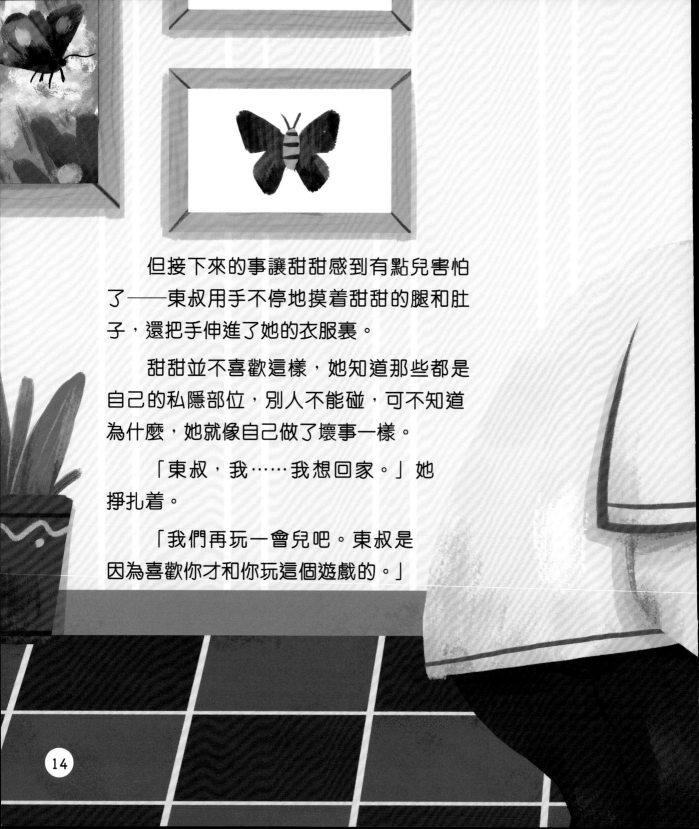

　　但接下來的事讓甜甜感到有點兒害怕了——東叔用手不停地摸着甜甜的腿和肚子，還把手伸進了她的衣服裏。

　　甜甜並不喜歡這樣，她知道那些都是自己的私隱部位，別人不能碰，可不知道為什麼，她就像自己做了壞事一樣。

　　「東叔，我……我想回家。」她掙扎着。

　　「我們再玩一會兒吧。東叔是因為喜歡你才和你玩這個遊戲的。」

「東叔，我……我不想玩這個遊戲。」
甜甜用力地推開東叔。

東叔好像生氣了，緊緊按住甜甜的肩膀，
惡狠狠地威脅道：「這是你和我兩個人之間的
秘密，就和我們一起照顧那隻野貓一樣，絕對
不能告訴別人，記住了嗎？如果你敢告訴爸爸
媽媽，你就是壞孩子，我饒不了你！」

　　甜甜害怕極了，心怦怦直跳，一向和善親切的東叔就像變了一個人似的。

　　她不知道該怎麼辦，只能強忍着淚水，胡亂地點頭。

17

　　一回到家，甜甜就躲進了自己的房間，一聲不吭地坐在書桌前。媽媽叫她吃晚飯，她也不應。

　　「甜甜，你怎麼了？出了什麼事？」媽媽看出了甜甜的異樣，溫柔地問。

　　「沒……沒有。」

　　「那你怎麼看起來怪怪的？」

　　甜甜很想告訴媽媽發生了什麼事，可一想到東叔說那是個不能告訴別人的秘密時，她就不知如何開口了。

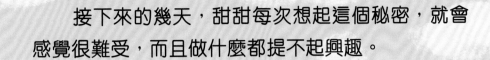

接下來的幾天，甜甜每次想起這個秘密，就會感覺很難受，而且做什麼都提不起興趣。

「甜甜，我們去溜滑梯吧！」
核桃和芝麻過來找甜甜玩。

「不，我不去了，你們去吧。」

「你怎麼了？生病了嗎？」

「沒，沒有。」甜甜
支支吾吾地回答。

上課的時候，甜甜總是心不在焉，就連小猛獁來和他們玩猜謎遊戲，甜甜都不想加入——這可是甜甜最拿手的遊戲啊！

小猛獁察覺出甜甜有心事了。

23

放學後，小猛獁跟甜甜說：「甜甜，和我說說話好嗎？」
甜甜覺得小猛獁一定看出了什麼，不由得緊張起來。

小猛獁輕輕摸着甜甜的頭說：「甜甜，別緊張，我和你一起做深呼吸。一、二、三⋯⋯」

甜甜跟着小猛獁的節奏，大口大口呼吸着，她感覺好多了，心跳也沒那麼急促了。

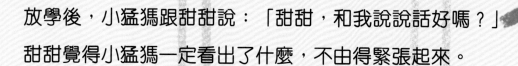

「和我說說發生了什麼事，好嗎？我一定會保護你的！」

「我、我有一個秘密，不知道該不該說。」

「是什麼秘密？告訴我好嗎？」

「不，不行，因為我答應別人要保守秘密。」

「那你想到這個秘密時，會覺得開心嗎？」

「不，一點也不開心。一想到這個秘密，我就很害怕。」

「甜甜，秘密分很多種，有的秘密會讓你感到幸福和溫暖，這樣的秘密我們可以保守。」

甜甜想起來，她有過很多快樂的秘密。

她曾經用儲蓄了很久的零用錢為媽媽買了一份禮物，並且一直保守這個秘密，直到媽媽過生日那天才給媽媽這個驚喜。甜甜至今還記得媽媽高興的樣子，她自己也覺得非常快樂。

I LOVE U MOM

小魚兒最喜歡和劉小朗一起做值日生，這件事她只告訴了甜甜，而甜甜從來沒有把這個秘密告訴過別人。她覺得跟好朋友分享心事，保守好朋友的秘密，也很快樂。

甜甜又想起了和東叔一起照顧的那隻小野貓，這個秘密她也沒有和任何人說過。

一想到那隻憨憨的小貓，她就會不自覺地想笑。

但是，一想起在東叔家發生的事情⋯⋯

「甜甜，讓自己不開心，甚至感到害怕的秘密一定不要保守，只有壞人才會讓你保守這種可怕的秘密。」小猛獁說。

「可是，如果我沒有遵守約定，把秘密說出來，我就是不守信的壞孩子嗎？」甜甜擔憂地問。

「當然不是！如果因為不保守秘密，有人說你是壞孩子，或者嚇唬你，你都不要上當。他們才是壞人。勇敢說出不好的秘密是好孩子！」

「那我可以告訴爸爸媽媽嗎？」

「當然可以！甜甜，爸爸媽媽永遠都是最愛你的人，他們會盡全力保護你的。所以，別擔心，勇敢地告訴爸爸媽媽，他們會陪你一起面對困難，設法幫你解決問題的。」

聽了小猛獁的話，甜甜感覺好多了，她知道自己該怎麼做了。

「甜甜，告訴你一個關於我的秘密吧。雖然我有一個像大象那樣的長鼻子，可是我總學不會用鼻子控制噴水。想洗澡的時候，鼻子怎麼也噴不出水來；可有一次坐在校車裏，鼻子卻嘩啦啦地不停往外噴水，校車很快就變成了游泳池……」小猛獁一邊說，一邊把鼻子甩來甩去比劃着。

「哈哈，哈哈。」甜甜忍不住笑起來，露出了久違的笑容，這個秘密太有趣了。

回到家，甜甜鼓起勇氣，把那
天的秘密告訴了媽媽。

「那天，我去東叔家玩……」

媽媽靜靜地聽甜甜說完，然後
緊緊地把甜甜抱在懷裏。

36

「甜甜，謝謝你告訴媽媽這一切。媽媽不知道你遇到這件事，你一定很害怕吧？對不起，媽媽應該早點兒保護你。」

「甜甜，如果有人想摸你的身體，哪怕是最熟悉的人，也要大聲拒絕。還有，如果旁邊有人，你一定要向周圍的人求助。知道了嗎？」

「媽媽，我知道了，小猛獁告訴過我們，那些部位都是我們身體最珍貴的地方，別人不能摸。可是，媽媽，萬一東叔再來找我怎麼辦？」

「別擔心，媽媽會保護你的！我們可以報警，讓他受到應得的懲罰。」媽媽摟着甜甜堅定地說。

媽媽的懷抱真是世界上最溫暖、最安全的地方。

對媽媽說出這個「秘密」後，甜甜覺得心裏舒服多了。

　　那天晚上，甜甜躺在溫暖舒適的牀上，感到安全又幸福。她為自己感到驕傲，因為她終於鼓起勇氣告訴了媽媽。

　　現在她明白了，那些讓人害怕的、不好的秘密一定要說出來，因為並不是所有的秘密都要保守的。

41

從那以後，甜甜再也沒有見過東叔。
她又變得像以前一樣快樂了！

43

給家長的話

　　預防兒童性侵犯是性教育的重要一課，家長必須提高孩子的自我保護意識，把孩子可能遭受侵害的機率降到最低。以下七件事，家長務必要告訴孩子，出現這些情況時，一定要拒絕，然後跑到人多的地方，保護好自己：

1. 有人對你做出讓你不舒服的身體接觸。
2. 有人給你禮物和錢，要求抱你或摸你，對你過分親熱。
3. 有陌生人請你吃東西，請你上他的車，或讓你跟他走。
4. 有人想用手機或照相機拍下你私隱部位的照片。

5. 有客人來家裏，趁你爸爸媽媽不在身邊，想摸你的私隱部位。

6. 有人要你摸他或她的私隱部位。

7. 和老師、長輩或其他人單獨待在一起時，對方要求摸你的私隱部位等。

　　同時，父母還要告訴孩子，即使最壞的事情發生，也不是孩子的錯，一定要勇敢尋求幫助，並讓孩子知道，無論發生任何事情，爸爸媽媽都會愛他、幫助他。

兒童性教育啟蒙故事

說出來！不保守壞人的秘密

作　　者：湖心
繪　　圖：果子
責任編輯：潘曉華
美術設計：張思婷
出　　版：新雅文化事業有限公司
　　　　　香港英皇道499號北角工業大廈18樓
　　　　　電話：（852）2138 7998
　　　　　傳真：（852）2597 4003
　　　　　網址：http://www.sunya.com.hk
　　　　　電郵：marketing@sunya.com.hk
發　　行：香港聯合書刊物流有限公司
　　　　　香港荃灣德士古道220-248號荃灣工業中心16樓
　　　　　電話：（852）2150 2100
　　　　　傳真：（852）2407 3062
　　　　　電郵：info@suplogistics.com.hk
印　　刷：中華商務彩色印刷有限公司
　　　　　香港新界大埔汀麗路36號
版　　次：二〇二二年七月初版

ISBN : 978-962-08-8047-6
Traditional Chinese Edition © 2022 Sun Ya Publications (HK) Ltd.
18/F, North Point Industrial Building, 499 King's Road, Hong Kong
Published in Hong Kong, China
Printed in China

本書繁體中文版由電子工業出版社授權香港新雅文化事業有限公司於香港、澳門及台灣地區獨家出版、發行及銷售。